Há cerca de vinte anos, Porto de Galinhas ainda tinha cara de vila de pescadores. O turismo já movimentava, mas as coisas eram bem diferentes. As ruas eram de areia. Os nativos ainda habitavam as casas da vila. A praia de Maracaípe era uma grande baía selvagem, cujos terrenos eram trocados por cavalo ou fusca velho. E as jangadas serviam mais aos pescadores do que aos turistas. O tempo passou e Porto de Galinhas mudou. Transformou-se no maior fenômeno turístico do litoral do Nordeste, um recordista na produção de pacotes de viagem no Brasil. O vilarejo contabiliza mais de 22 mil leitos de hotelaria (sem contar as casas de temporada) e, em períodos normais, recebe um milhão e duzentos mil turistas ao ano. O centro da vila foi urbanizado e está bem mais atraente. Tem calçamento, decoração simpática e lojas finas. As praias ganharam ótimos bares pé na areia, alguns deles até com piscina. Só o mais importante não mudou: a beleza daqueles litorais de águas mornas e o prazer de nadar nas piscinas naturais. Porto de Galinhas, no fim das contas, apenas melhorou seu serviço de bordo. É um destino excepcional para curtir uma praia e relaxar, com a vantagem extra dos preços em conta dos pacotes. É uma das melhores opções para viajar pelo Brasil curtindo muito e gastando pouco.

Tales Azzi

FÉRIAS NO BRASIL
PORTO DE GALINHAS

Todos os direitos reservados à
Editora Europa
Rua Alvarenga, 1.416 – CEP 05509-003
São Paulo, SP
Telefone: 0800-8888-508 / São Paulo
(11) 3038-5050
sac@europanet.com.br
www.europanet.com.br

Diretor executivo Luiz Siqueira
Diretor editorial Roberto Araújo
Fotos, texto e edição Tales Azzi
Edição de arte Vera Grandisky Lerner

ATENDIMENTO AO LEITOR
Fabiana Lopes - fabiana@europanet.com.br

CIRCULAÇÃO
Paula Tauil - paula@europanet.com.br

PROMOÇÃO
Aida Lima - aida@europanet.com.br

ISBN
978-65-5884-132-6

SUMÁRIO

PORTO DE GALINHAS - PE

PÁG. 06   PORTO DE GALINHAS
   08 - História
   10 - Quando Ir

PÁG. 12   ESCOLHA SUA PRAIA
   14 - Porto de Galinhas
   16 - Maracaípe
   18 - Praia do Cupe
   20 - Muro Alto

PÁG. 22   A VILA

PÁG. 24   ONDE COMER

PÁG. 26   MELHORES PASSEIOS
   28 - Passeio de Bugue
   29 - Ateliê do Carcará
   30 - Praia dos Carneiros
   32 - Maragogi
   34 - Recife-Olinda
   36 - Ilha de Santo Aleixo

PÁG. 38   MORDOMIA NOS RESORTS
   40 - Nannai
   42 - Summerville
   44 - Porto de Galinhas Resort
   46 - Enotel
   47 - Armação Resort
   48 - Vila Galé Eco Resort do Cabo
   49 - Serrambi Resort

PORTO DE GALINHAS

P or um capricho da natureza, o mar vira piscina em Porto de Galinhas. Tudo por causa de um grande arrecife que existe bem em frente à praia. Ali quem manda é a tábua de maré, que indica a hora certinha para a jangada zarpar rumo às piscinas naturais. Quando a maré está baixa, os arrecifes emergem e expõem poços de águas azuis que represam cardumes de peixes coloridos. Esse cenário deu fama internacional a Porto de Galinhas e, de quebra, transformou o antigo vilarejo de pescadores na mais badalada praia do litoral de Pernambuco.

Nas piscinas naturais: água cristalina e muitos peixes

HISTÓRIA

As esculturas de galinhas e os guarda-chuvas de frevo decoram as coloridas ruas do vilarejo

"Tem galinha nova no porto." Essa era a senha dos contrabandistas de escravos para avisar que uma nova "remessa" havia atracado na praia. A carga (des)humana vinha escondida embaixo de engradados de galinhas-d'angola, a comida preferida dos nobres da época. Vem daí a lenda sobre a origem do nome do lugar. Os séculos passaram e muita coisa mudou. Mas as galinhas continuam na vila de praia mais desejada da costa pernambucana. As simpáticas carinhas talhadas em troncos de coqueiros fazem a corte para os visitantes que chegam. As esculturas enfeitam fachadas, apontam os caminhos e habitam as prateleiras nas lojas de artesanato. Mas o que realmente faz a cabeça dos turistas são as praias de águas mornas e transparentes dessa parte do litoral pernambucano. Tanto que a maioria dos visitantes que chega pelo aeroporto de Recife nem para na cidade, segue direto com as bagagens para Porto de Galinhas, que fica a apenas 50 km de distância. A capital pernambucana, nesse caso, virou um mero passeio de um dia, em uma total inversão de papéis do que acontecia antigamente.

A fama fez Porto de Galinhas crescer bastante em três décadas. Aquela singela vila de pescadores, que começou a atrair os primeiros visitantes na década de 1980, não existe faz tempo. O bugueiro Agnaldo Silva, filho de pescadores, é testemunha das mudanças. "Tinha gente que trocou terreno na Praia de Maracaípe por cavalo. A terra antigamente não valia nada aqui". Hoje, não se compra nada por menos de R$ 1 milhão em Porto de Galinhas, que contabiliza cerca de 22 mil leitos hoteleiros e cerca de 1,2 milhão de turistas anualmente. Mesmo assim, o centrinho ainda mantém um agradável astral de vila de praia, cujas principais ruas são cheias de lojinhas, bares e bons restaurantes.

Muitas das praias vizinhas também

HISTÓRIA

Bugues levam os visitantes em passeios pelas praias

A Praia de Porto de Galinhas ganha o colorido das jangadas

HISTÓRIA

Quando ir

Porto de Galinhas é um destino para qualquer época do ano. Sempre há movimento nas praias e nos hotéis. Portanto, reservar quarto com antecedência é prudente. A altíssima temporada acontece entre dezembro e fevereiro, quando há sol a pino e a cidade fica cheia de turistas. O carnaval em Porto de Galinhas não tem muita graça se comparado à folia de Recife e Olinda, mas também recebe muitos turistas. O período de chuvas começa em abril e vai até julho, mas nada que estrague os passeios. É raro um dia chuvoso nesse trecho do litoral de Pernambuco. O mais comum é amanhecer nublado e lá pelas 10h o tempo abre. Em compensação, por ser baixa temporada, os preços estão mais em conta. Agosto e setembro, por sua vez, são meses de vento, o que não é ruim para a legião de surfistas que adoram as ondas da Praia de Maracaípe.

despertam a curiosidade. A região conta com 18 km de litoral de águas mornas e cristalinas, que se estendem desde o Pontal de Maracaípe até a Praia de Muro Alto. Há faixas de areia de todos os tipos. Com mar calmo, com ondas, com piscina natural... E o melhor de tudo é a forma como se vai de uma a outra, em divertidos passeios de bugues. Isso sem contar os passeios pelos arredores, que contam com joias como a Praia dos Carneiros e Maragogi.

É por isso que Porto de Galinhas não sai de moda. É um lugar perfeito para quem procura sol, lindas praias e preços em conta. Afinal, é um destino que cabe direitinho no bolso. Há pacotes saindo de diversas capitais brasileiras com preços atraentes que incluem passagens aéreas, traslados e uma semana de hospedagem. Com a vantagem extra da oferta variadíssima de hotéis e pousadas, que vai de resorts sofisticados, como o Nannai, célebre por seus bangalôs em estilo polinésio com piscinas privativas, às pousadas modestas, que cobram diárias a partir de R$ 150. Só não vai quem não quer. E você está esperando o que para ir?

Final de tarde na margem do Rio Maracaípe, o cenário mais bucólico de Porto de Galinhas

HISTÓRIA

Na maré baixa, os arrecifes emergem e as jangadas partem rumo às piscinas naturais

ESCOLHA A SUA PRAIA

O litoral de Porto de Galinhas tem 18 km de extensão e praias dos mais variados tipos: grandes, pequenas, com ondas, sem ondas, com piscinas naturais... Tem até praia de água doce, na foz do Rio Maracaípe. Se tiver alguma dúvida em qual delas escolher, fique com todas!

Areia clara e mar azul na Praia de Porto de Galinhas, a mais central

O mosaico de guarda-sóis no Pontal do Cupe

As piscinas naturais de Porto de Galinhas ficam bem pertinho da praia

PORTO DE GALINHAS

A Praia de Porto de Galinhas é diferente de qualquer outra da costa brasileira porque é tomada por uma grande barreira de arrecifes. No horário da maré baixa, os arrecifes emergem e desenham poços de águas verdes e azuis por onde nadam cardumes de peixes coloridos. São as famosas piscinas naturais de Porto de Galinhas. É verdade que existem outras dessas piscinas na costa do Nordeste, como em Maragogi-AL, Maracajaú-RN ou João Pessoa-PB. Mas nenhuma delas é tão acessível e tão próxima da praia. Além disso, em Porto de Galinhas, o passeio às piscinas naturais se faz da forma mais romântica possível, deslizando mansamente em prosaicas jangadinhas de madeira. Tudo bem que a fama de Porto de Galinhas ficou muito maior do que o tamanho de suas piscinas naturais, o que resulta, em dias de feriadões, em mais gente do que peixe por metro quadrado de água. Mesmo assim, quem vai gosta. Não tem como não gostar, seja pela água transparente e morna, pela brisa no rosto, pelo balanço da jangada...

O esquema do passeio, que dura uma hora, é bem organizado, graças a uma associação de jangadeiros que tabelou o preço. Leva cerca de cinco minutos navegando desde a areia da praia até os corais. Então, basta cair na água para se ver cercado pelos peixes, que chegam aos montes para vir comer a ração jogada pelos jangadeiros, que ainda emprestam máscara para quem quiser enfiar o rosto na água e dar de cara com os peixes. Para a maioria dos visitantes em

Porto de Galinhas, essa é a maior experiência subaquática, senão a única, que eles têm com mergulho marítimo.

Já a Praia de Porto de Galinhas em si é a mais desinteressante de todas as quatro da região. É sempre lotada, com faixa de areia estreita e quase toda ocupada pelas cadeiras de uma sequência de barracas que se apertam lado a lado. É impossível caminhar ali sem ser "caçado" pelos funcionários das barracas que chegam oferecendo ducha, Wi-Fi e cerveja mais gelada do que a do vizinho concorrente.

A novidade é a inauguração do Farol Porto de Galinhas, um mirante com 14 metros de altura de onde se tem uma vista panorâmica da praia. O mirante fica dentro do Munganga Bistrô e tem anexa uma galeria de arte com cerca de 30 galinhas esculpidas pelo artista plástico Carcará, o inventor das galinhas talhadas em coqueiros que decoram as ruas e são a marca registrada da vila.

Bar de Praia

CALDINHO DO NENEN – Resista ao assédio dos funcionários das barracas na praia que tentaram caçá-lo e ocupe uma mesa no Caldinho do Nenen. A partir do deque do bar, você poderá ver, com toda calma, o efeito da maré descobrindo os corais. E, enquanto o mar faz seu show diário, você degusta os deliciosos caldinhos de camarão, peixe e frutos do mar preparados na casa. São tidos como os melhores do litoral pernambucano, o que não é pouca coisa para um estado que ama caldinho tanto quanto a Bahia gosta de acarajé.

A faixa de areia é estreita, mas conta com diversos bares e restaurantes

PRAIAS

PRAIA DE MARACAÍPE

Basta caminhar cinco minutos do burburinho da praia central de Porto de Galinhas para pisar na areia de uma grande enseada cercada por um coqueiral que parece não ter fim. É a Praia de Maracaípe, ou apenas Maraca, para quem já é íntimo. Ali não existe aquela história de snorkel e água na cintura. Maracaípe é uma praia de mar aberto e tem boas ondas. É o principal *point* de surfe do litoral pernambucano. Na vila, os bares de praia e as pousadas trazem a vibe rústica do surfe, com direito a vitamina de açaí e reggae ao vivo. No verão, é o pedaço com maior desfile de corpos sarados da região, especialmente em novembro, quando acontece o famoso Bikini Memories, uma inusitada festa do biquíni, que rola por dez horas seguidas à beira-mar.

No final da praia, onde o Rio Maracaípe encontra o mar, há uma larga praia fluvial de onde se vê o sol se deitar por trás do manguezal, tingindo de dourado as águas do rio. Assistir ao pôr do sol no Pontal de Maracaípe é o programa clássico dos

O cenário é selvagem na foz do Rio Maracaípe

PRAIAS

Barcos de pescadores na margem do Rio Maracaípe

finais de tarde em Porto de Galinhas. O lugar é bem rústico e não tem nenhuma construção por perto por ser área de preservação ambiental. É o pedaço mais preservado e selvagem do litoral sul de Pernambuco. Por isso, os turistas se valem da criatividade dos nativos, que instalaram bares dentro de jangadinhas ancoradas. O mais antigo deles é o Bar do Galo, mas atualmente já existem meia dúzia dessas tais jangadas-bares, onde você pode se sentar à mesa com os pés dentro d'água.

Enquanto alguns se acomodam nesses barzinhos, outros fazem um passeio de jangada pelo Rio Maracaípe. Por uma hora, os barcos seguem contornando o manguezal, com parada para ver os cavalos-marinhos que habitam nas águas do mangue. Uma dica é fazer o passeio no final de tarde, quando a temperatura está mais amena, e você pode finalizar o tour com o visual do pôr do sol mais famoso da região.

Bar de Praia

RESTAURANTE DO JOÃO – Tem jeito de quintal de casa, é simpático, à beira-mar, com mesas coloridas ao ar livre e uma piscina para os fregueses. Serve caipirinhas criativas – prove a de caju, limão e mel – e pratos regionais como o camarão gratinado no abacaxi.

PRAIAS

No Pontal do Cupe, o mar é mais calmo

PRAIA DO CUPE

Quando o turismo chegou em Porto de Galinhas na década de 1980 e o pequeno vilarejo de pescadores passou a sofrer forte especulação imobiliária, as casas de veraneio e os hotéis foram se instalando na vizinha Praia do Cupe, uma faixa de areia com 5 km de extensão, mar aberto e correnteza. Mas, não se preocupe, pois

há placas de advertência e muitos hotéis colocam salva-vidas nos trechos mais perigosos. Aliás, há muitos bons hotéis pé na areia no Cupe, entre eles o Porto de Galinhas Praia Hotel, o Ocapora, o Hotel Armação e a charmosa Pousada Tabapitanga.

O melhor trecho para curtir a praia é o chamado Pontal do Cupe, onde há arrecifes bem próximos da areia da praia que formam piscinas naturais na maré baixa. Os banhistas se juntam nesse ponto, onde é possível mergulhar entre os cardumes de peixes com a água na altura da cintura. Nem é preciso pegar uma jangada, já que as piscinas naturais estão a poucos passos da areia. Ambulantes alugam máscara e ainda fornecem ração para você jogar aos peixes.

Bar de Praia

BAR PONTAL DO CUPE – É o melhor ponto de apoio da praia. Fica bem em frente ao trecho das piscinas naturais. Piscina, música ao vivo e banheiro com ar-condicionado são algumas das comodidades. Serve ótimos petiscos, como a caldeiradinha de frutos do mar e a fritada de siri.

Piscinas naturais no Pontal do Cupe

PRAIAS

O arrecife represa a água do mar na Praia de Muro Alto

Deque do Bar da Praia Muro Alto

PRAIA DE MURO ALTO

A 9 km do centro de Porto de Galinhas, um grande arrecife bloqueia as ondas e represa a água do mar, que vem bater na areia da praia calmo e morninho, tal como em uma imensa banheira natural. Esse curioso arrecife, comprido e alto, está sempre à vista e permanece acima da superfície da água mesmo durante a maré alta. Daí o nome da praia: Muro Alto. O cenário é bem diferente de qualquer outro trecho da costa brasileira, o que só aumenta o charme do lugar. Foi em Muro Alto, aliás, que Porto de Galinhas se transformou em uma espécie de condomínio

PRAIAS

de resorts. Há vários deles quase lado a lado: Nannai, Summerville, Beach Class, Marulhos e o Samoa Beach Resort, o mais novo de todos, inaugurado no final de 2018. Se quiser sossego, siga para o canto esquerdo da praia, que é mais tranquilo e reservado, com nenhum som alto rolando. Já o agito se concentra no Bar da Praia, ponto de parada dos bugues que fazem o passeio Ponta a Ponta. Os banhistas se concentram ali e, junto com eles, os vendedores ambulantes. Têm caiaque e pranchas de stand up para alugar e jangadinha para navegar ao sabor do vento generoso do litoral pernambucano. A novidade é o Beijupirá Muro Alto, inaugurado no final de 2019, uma filial do mais badalado restaurante de Porto de Galinhas.

Bar de Praia

BAR DA PRAIA MURO ALTO – É o epicentro do agito na praia. Tem uma grande infraestrutura, com chuveiros, armários e até piscina com cascata para os fregueses. Show ao vivo com voz e violão rola o dia todo. Há espreguiçadeiras e cadeiras na areia, além de mesas sobre um deque elevado. No cardápio: cumbuca de sururu e a cioba ao forno.

Muro Alto tem passeio de jangada, caiaque e stand up paddle

A vila tem ótimos bares com mesas ao ar livre, como o Na Rua Bistrô

O ritual diário do turista em Porto de Galinhas não se resume apenas a praia e banho de sol. Quando a noite cai, todo mundo segue para o centrinho da vila para curtir os bares e escolher um lugar para jantar. Nesse horário, há um astral alegre e descontraído pelas ruas, que são decoradas com as simpáticas galinhas esculpidas em troncos de coqueiro que viraram a marca registrada da vila. Carros não podem circular pelas ruas principais, que ficam tomadas de gente. Há quem mude o figurino para curtir a vila, coloca roupa transada e passa perfume francês. Tudo para ver a cidade passar, sentado em um barzinho com canto e violão. No Itaóca e no Bar do Nenen, na beira da praia, sempre tem show rolando. E, se a vila estiver cheia, as lojas ficam abertas até tarde. Faz parte da diversão apreciar vitrines de artesanato pernambucano, encantar-se com alguma peça e levar para casa. As galinhas confeccionadas nos mais variados tamanhos e materiais são o principal suvenir. Também faz sucesso a loja Gatos de Rua, do artista plástico Beto Kelner, cujas roupas e peças de decoração são produzidas com materiais recicláveis, de garrafas PET a latinhas de alumínio. Se você entrar nessa loja, vai querer comprar alguma coisa, nem que seja uma blusinha feita com fios de plástico.

Jantar, por sua vez, é uma questão de paladar porque é possível comer de tudo, de churrascos a pratos regionais. Há muitos bons restaurantes na vila, incluindo alguns que são verdadeiras instituições locais, caso do Beijupirá e do Peixe na Telha. Só não esqueça de estender a caminhada até a boca da praia para encontrar a simplicidade. Ali, as jangadas dormem com as velas enroladas sobre a areia mais fofa à espera dos passeios do dia seguinte.

23

RESTAURANTES

ONDE COMER

P orto de Galinhas é pequena, mas sua cozinha é bem variada. Há excelentes restaurantes de culinária regional que servem peixes e frutos do mar, além de bistrôs de gastronomia italiana, japonesa e portuguesa.

Camarão com arroz de goiaba e bacon crocante, do restaurante Beijupirá

RESTAURANTES

O camarão no abacaxi do restaurante Beijupirá, o mais famoso

BEIJUPIRÁ – Há três décadas o Beijupirá reina soberano como o melhor restaurante de Porto de Galinhas. Não deixe de ir, nem que seja para um único jantar. Os preços dos pratos giram em torno de R$ 90 por pessoa. A casa, que fica na Rua Beijupirá, tem decoração de inspiração asiática, com música suave, à meia-luz e ambientes do tipo em que se conversa baixinho. Os pratos são individuais e as receitas costumam combinar frutas típicas com peixes e frutos do mar. É o caso do Camaranga, camarões flambados com fatias de manga grelhada com especiarias.

CALDINHO DE NENEN – "Como vocês temperam o caldinho?", todo mundo pergunta. Mas não adianta. "A receita é segredo", o garçom vai responder. Então, aproveite para comer o máximo que puder ali mesmo. São oito tipos de caldinho servidos, um mais gostoso do que o outro. No jantar, o carro-chefe é o Barco do Porto, que vem com quatro lagostas grelhadas, filé de pescada, camarão, lula e polvo.

BARCAXEIRA – Serve pratos regionais bem variados, embora seja mais conhecido pelos gratinados com macaxeira (mandioca). Prove o de camarão.

PEIXE NA TELHA – Um dos mais tradicionais de Porto de Galinhas. Fica na beira-mar e oferece serviço de praia no almoço. A especialidade é, claro, o peixe na telha, preparado grelhado na chapa e servido com molho de legumes criado pelo chef Artur Santos há 28 anos.

ITAÓCA – Um clássico, há 25 anos em um varandão aberto de frente à praia de Porto de Galinhas. Tem palco para shows, que rolam nos fins de semana até as 2h da madrugada. Serve pratos de frutos do mar, como o Valdomiro Mudo, lagosta inteira na brasa com arroz de abacaxi.

COZUMEL – Tem uma decoração superbacana com as peças da loja Gatos de Rua, do artista plástico Beto Kelner. O cardápio se divide entre pratos mexicanos e regionais. Daí os tacos, os burritos e o risoto de carne de sol com queijo de manteiga. Pimenta vem à parte.

Fotos: Divulgação

A Igreja de São Benedito, na Praia dos Carneiros, no litoral sul de Pernambuco

MELHORES PASSEIOS

Além das belas praias, Porto de Galinhas oferece uma boa variedade de passeios para deixar sua viagem ainda mais interessante. O mais clássico é o passeio de bugue chamado Ponta a Ponta, que percorre todas as praias da vila em um único dia. Mas há opções para ir mais longe para conhecer destinos famosos da região, como a Praia dos Carneiros, Maragogi e Olinda.

Passeios levam às piscinas naturais de Maragogi, em Alagoas: são apenas 90 km de Porto de Galinhas

PASSEIOS

No passeio Ponta a Ponta, os bugues fazem um tour por todas as praias

PASSEIO DE BUGUE

Um passeio bem tradicional em Porto de Galinhas, e o mais divertido também. Em um só dia, a bordo de um bugue, é possível conhecer todas as praias de Porto de Galinhas. O passeio é chamado de Ponta a Ponta. Começa em Muro Alto, segue pela Praia do Cupe e termina no final da tarde no Pontal de Maracaípe, onde você troca o bugue por uma jangada para navegar pelas águas do Rio Maracaípe. Os bugues, no entanto, não podem rodar pela areia das praias, que são pontos de desova de tartarugas. O trecho mais bonito é a estrada para Maracaípe, que passa em meio ao belo coqueiral na beira-mar. Como os bugueiros trabalham em associação, o preço do passeio é tabelado. O bugue leva até quatro passageiros e o passeio tem seis horas de duração.

PASSEIOS

ATELIÊ DO CARCARÁ

O artista plástico Gilberto Carcará nasceu no Piauí, morou em São Paulo e fez fama em Porto de Galinhas. Tudo porque descobriu como transformar raízes de coqueiros caídos na praia nas engraçadas galinhas que viraram uma espécie de identidade da vila. Quase todo hotel ou comerciante tem uma galinha do Carcará na porta para alegria dos turistas que adoram tirar fotos. No Bistrô Munganga, há uma divertida exposição de galinhas com rostos de celebridades, como a de Amy Winehouse, Salvador Dalí e Charlie Chaplin. Mas o artista também faz belas pinturas e esculturas em seu ateliê, que é aberto ao público. Agende a visita: (81) 98279-2592.

O artista plástico Gilberto Carcará, criador das simpáticas galinhas esculpidas em raízes de coqueiros

Carneiros é uma das praias mais lindas do litoral do Nordeste

PRAIA DOS CARNEIROS

A mais bela praia do litoral de Pernambuco fica a apenas 35 km de Porto de Galinhas, o que a torna um destino bastante procurado para passeios de um dia. Unida a foz do Rio Formoso, Carneiros tem rio, mar e piscinas naturais em um só lugar. As areias são brancas; as águas, cristalinas, e uma longa fileira de coqueiros inclinados torna a paisagem ainda mais sedutora. Para completar o cenário, a singela igrejinha de São Benedito, erguida em 1910, de frente para o mar, prova que Carneiros é mesmo abençoada.

Ao contrário de muitas praias famosas, Carneiros nunca foi uma vila de pescadores. Por décadas era um reduto desconhecido e deserto no litoral pernambucano, escondido por trás do coqueiral de uma imensa fazenda. Há duas décadas, quem tentava encontrar um caminho até a praia dava de cara com porteiras trancadas a cadeado. Mas quando o mundo descobriu as belezas de Carneiros as coisas começaram a mudar rapidamente por lá. Um *boom* imobiliário teve início e a praia se transformou no novo

Restaurante Canoeiro Catí, com mesas em um gramado aos fundos da igrejinha

point de veraneio dos endinheirados de Recife. Hoje, a estrada de acesso, a PE-072, é cheia de placas indicando a entrada para restaurantes, condomínios, pousadas e até para o novíssimo Eco Resort Praia dos Carneiros, de bangalôs com piscinas privativas. Mesmo assim, Carneiros ainda consegue manter sua atmosfera de Éden recém-descoberto. Até porque não possui um centrinho para caminhar, lojas, farmácias ou caixa eletrônico. Todas as ruas, a maioria de terra, apenas interligam as pousadas e barracas de praia à estrada principal.

A maioria dos visitantes que chegam toma o rumo do restaurante Bora Bora, que é enorme e com capacidade para acomodar até 3 mil pessoas. É ali que encostam os ônibus de excursão que saem de Porto de Galinhas. A estrutura inclui *playground* com monitores para as crianças, redários e um batalhão de garçons. O restaurante fica bem de frente ao trecho de arrecife, onde surge uma piscina natural na maré baixa. Em frente ao Bora Bora saem passeios de barco pelo Rio Formoso, com parada para banho de argila na outra margem do rio.

Quem quiser curtir a praia com mais sossego e exclusividade deve seguir para o Beijupirá, uma filial do melhor restaurante de Porto de Galinhas. Fica no trecho mais bonito da praia. O espaço agradável oferece sombras, *lounges* com redes e um cardápio com pratos de qualidade gourmet, a exemplo do petisco Mixira do Mar, que leva polvo, mariscos e camarão ao molho de queijo coalho e abacaxi; ou do Camarão dos Carneiros, com molho gorgonzola e arroz de goiaba com bacon crocante.

Recém-inaugurado, o restaurante Canoeiro Catí é outro ótimo ponto de apoio na praia, com mesas coloridas e redes espalhadas sobre um gramadão aos fundos da Igrejinha de São Benedito. É o lugar ideal para provar a Mentiroska, uma caipirinha sem álcool, que leva água com gás ou soda em vez de vodca, e também para agradecer ao santo local pelo sol generoso e pelo mergulho no mar cristalino em uma das mais belas praias do litoral pernambucano.

Como Chegar

Se não estiver de carro alugado, considere o passeio de Porto de Galinhas a Praia dos Carneiros com a Luck Receptivo. O ônibus da agência busca na porta do hotel. Há opção de passeio em veículo privativo. Consulte em: www.luckreceptivo.com.br

A Igreja de São Benedito, de 1910, abençoa a beleza da Praia dos Carneiros

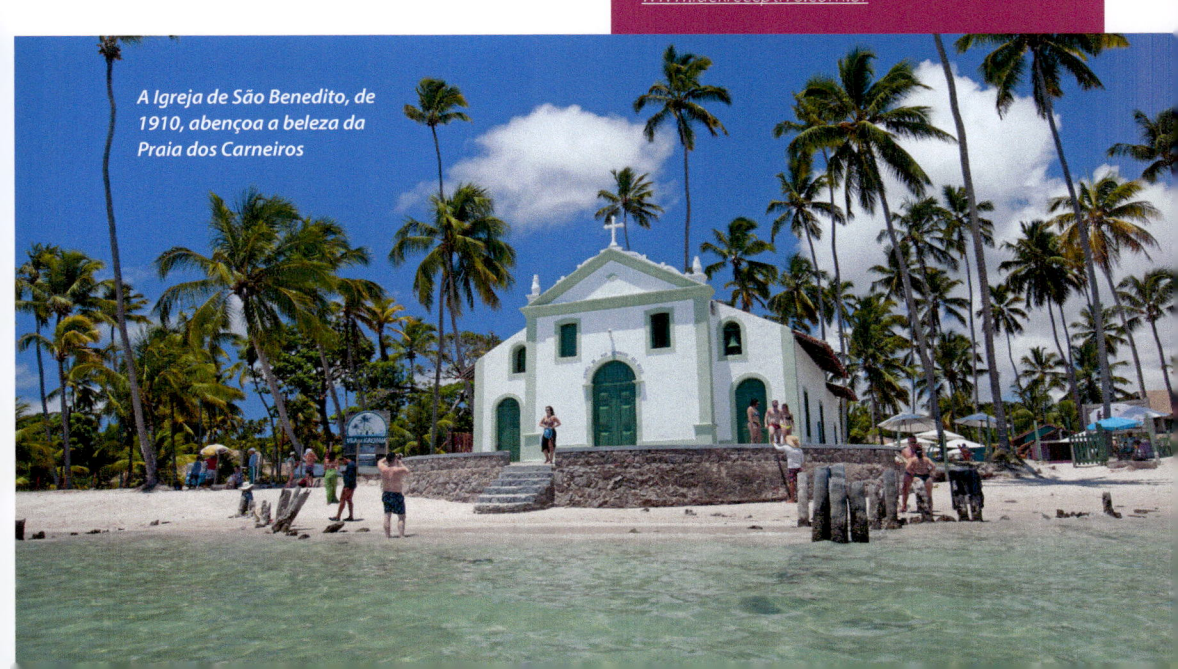

PASSEIOS

Vista aérea das Galés, que ficam a 5 km da costa

MARAGOGI

Enquanto você estiver em Porto de Galinhas, vai ouvir muito falar de Maragogi, um município que fica a 90 km de distância, ou uma hora de carro, já no litoral de Alagoas. Os vendedores de passeios das agências de turismo vão tentar convencê-lo a conhecer o lugar falando maravilhas sobre piscinas naturais e praias de mar azul caribenho. E pode acreditar, pois é tudo verdade. Em Maragogi, a grande atração são as piscinas naturais que se formam a 5 km da costa, em pleno alto-mar, onde uma imensa barreira de corais faz o mar voltar a ficar raso e morno. Trata-se da maior área de recifes de corais da costa brasileira, que faz parte de uma área de preservação

ambiental marinha conhecida como APA Costa dos Corais.

Para conhecer o lugar é preciso embarcar nos catamarãs que saem de restaurantes da praia, como o Frutos do Mar, e navegar por

cerca de vinte minutos até os arrecifes. Os barqueiros alugam máscaras e snorkel para quem quiser fazer mergulho livre nas piscinas naturais e diversas operadoras de mergulho oferecem o batismo de mergulho autônomo, feito com cilindro de ar.

Por se tratar de uma área de preservação ambiental, habitado por muitos peixes coloridos, polvos e tartarugas, existe uma limitação no número de visitantes e apenas os barcos credenciados pelo ICMBio têm autorização para levar os turistas. São três pontos diferentes de visitação: as Galés (as mais famosas), Barra Grande e Taócas. Qualquer um deles rende um belo passeio, com direito a snorkeling entre os corais. O passeio às piscinas naturais, porém, é realizado apenas em semanas de lua cheia ou nova, quando a amplitude da maré é bem maior e expõe os arrecifes submersos. Por isso, é importante verificar o calendário antes de viajar.

Quem for de carro alugado ainda pode aproveitar o dia para conhecer as praias de Maragogi, que encantam pela extraordinária coloração da água do mar, com uma tonalidade azul-clara que parece até o mar do Caribe. É incrível também notar como a paisagem das praias de Maragogi muda radicalmente ao longo do dia. Durante o período da maré baixa, o mar recua tanto até quase sumir de vista. Em alguns pontos, é possível ir caminhando mar adentro por quase 2 km com a água batendo na altura das canelas. Na praia de Barra Grande, surge até uma inusitada língua de areia – formação chamada crôa –, que avança tal como uma passarela mar adentro. As praias mais bonitas são Antunes e Porto do Mangue, ambas com acesso de carro e placas indicativas na rodovia AL-101, que segue rente à beira-mar.

Como Chegar

Maragogi fica a 90 km de Porto de Galinhas, ou uma hora de carro. A Luck Receptivo oferece o passeio com traslado e catamarã para as galés.
www.luckreceptivo.com.br

Maragogi também encanta com lindas praias de mar azul, como a Praia de Antunes

PASSEIOS

Casarões históricos no Recife Antigo

RECIFE-OLINDA

No final dos anos 1990, Porto de Galinhas era um mero "complemento" de uma viagem a Recife. Hoje, a maioria dos turistas que chegam ao aeroporto da capital pernambucana segue direto com as bagagens para Porto de Galinhas e nem para na cidade. Em uma completa inversão de valores, Recife se tornou o "complemento" de uma viagem a Porto de Galinhas. É justificável, já que as belezas das praias da capital nem de longe se comparam às do litoral sul do estado. Além disso, o histórico de ataques de tubarões afastou os banhistas da Praia de Boa Viagem.

Recife, porém, guarda muitos outros encantos. A começar pelo seu centro histórico, o Recife Antigo, onde há belos cenários, como a Rua da Aurora, o Pátio de São Pedro e o Marco Zero. Há excelentes passeios culturais na cidade, como a Casa da Cultura, uma antiga penitenciária que hoje abriga um mercado de artesanato; ou o passeio de barco pelo Rio Capibaribe, com guia explicando sobre curiosidades da história da cidade.

Recife ainda tem museus fabulosos, como o

Praça do Marco Zero, em Recife

PASSEIOS

Igreja do Carmo, em Olinda

Instituto Ricardo Brennand, cuja arquitetura parece um castelo medieval. O acervo do museu é focado na colonização holandesa da região. Lá estão armaduras, peças sacras e uma coleção de 15 telas de Frans Post, artista holandês que esteve em Recife entre 1637 e 1647 e devotou esse tempo a pintar a paisagem brasileira da época.

Já na Oficina de Cerâmica Francisco Brennand estão expostas, em meio a um jardim de Burle Marx, as peças do maior ceramista pernambucano.

O passeio para a capital pernambucana também inclui um *tour* pela vizinha Olinda, uma das cidades históricas mais belas do Brasil, que está a apenas 8 km do centro de Recife, ou 15 minutos de carro. Caminhar lentamente pelas ladeiras com calçamento de pedras, devorando com os olhos as fachadas dos casarões e das igrejas coloniais, é um imenso prazer. As caminhadas em Olinda costumam começar pelo Alto da Sé, diante da igreja mais antiga da cidade, datada de 1537. Em frente à igreja estão as famosas tapioqueiras da Sé. Dizem que não existe lugar melhor no mundo para provar a tapioca do Nordeste.

Mercado de artesanato e os bonecos carnavalescos no centro histórico de Olinda

PASSEIOS

ILHA DE SANTO ALEIXO

A Ilha de Santo Aleixo é um lugar ainda pouco conhecido pelos turistas no litoral sul de Pernambuco, mas oferece o melhor banho de mar da região de Porto de Galinhas graças às suas três pequenas praias de água cristalina e cheias de piscinas naturais.

A ilha é uma propriedade particular e faz parte do município de Sirinhaém. Para chegar lá é preciso navegar por cerca de 15 minutos de lancha a partir do cais de Barra de Sirinhaém. Em Porto de Galinhas, as agências de turismo locais oferecem o passeio de dia inteiro para lá, com o transfer do hotel e o traslado de barco.

Um dia é mais do que suficiente para conhecer a Ilha de Santo Aleixo, que é pequena, tem cerca de 30 hectares apenas. A ilha tem a superfície formada por rochas vulcânicas, vegetação de arbustos e muitos coqueiros. Nos séculos 16 e 17, o lugar era frequentado por piratas, que a usavam como esconderijo para atacar os navios portugueses na costa de Pernambuco.

Uma vez lá, a única coisa a fazer é relaxar, admirar a paisagem, mergulhar em piscinas naturais e caminhar pelas trilhas que levam a todos os cantos. Há diversos mirantes para apreciar a paisagem de diferentes pontos de vista. Quem gosta de mergulhar pode levar máscara de mergulho e snorkel para ver cardumes de peixes entre as pedras dos costões ou nas piscinas naturais que surgem na maré baixa. As praias da ilha, porém, têm infraestrutura modesta, com barracas simples que oferecem cadeiras, guarda-sóis e ducha aos visitantes (cobrados à parte).

A Ilha de Santo Aleixo tem praias selvagens com água cristalina e piscinas naturais

Fotos: Shutterstock

PASSEIOS

A ilha é particular e fica a 15 minutos de lancha do continente

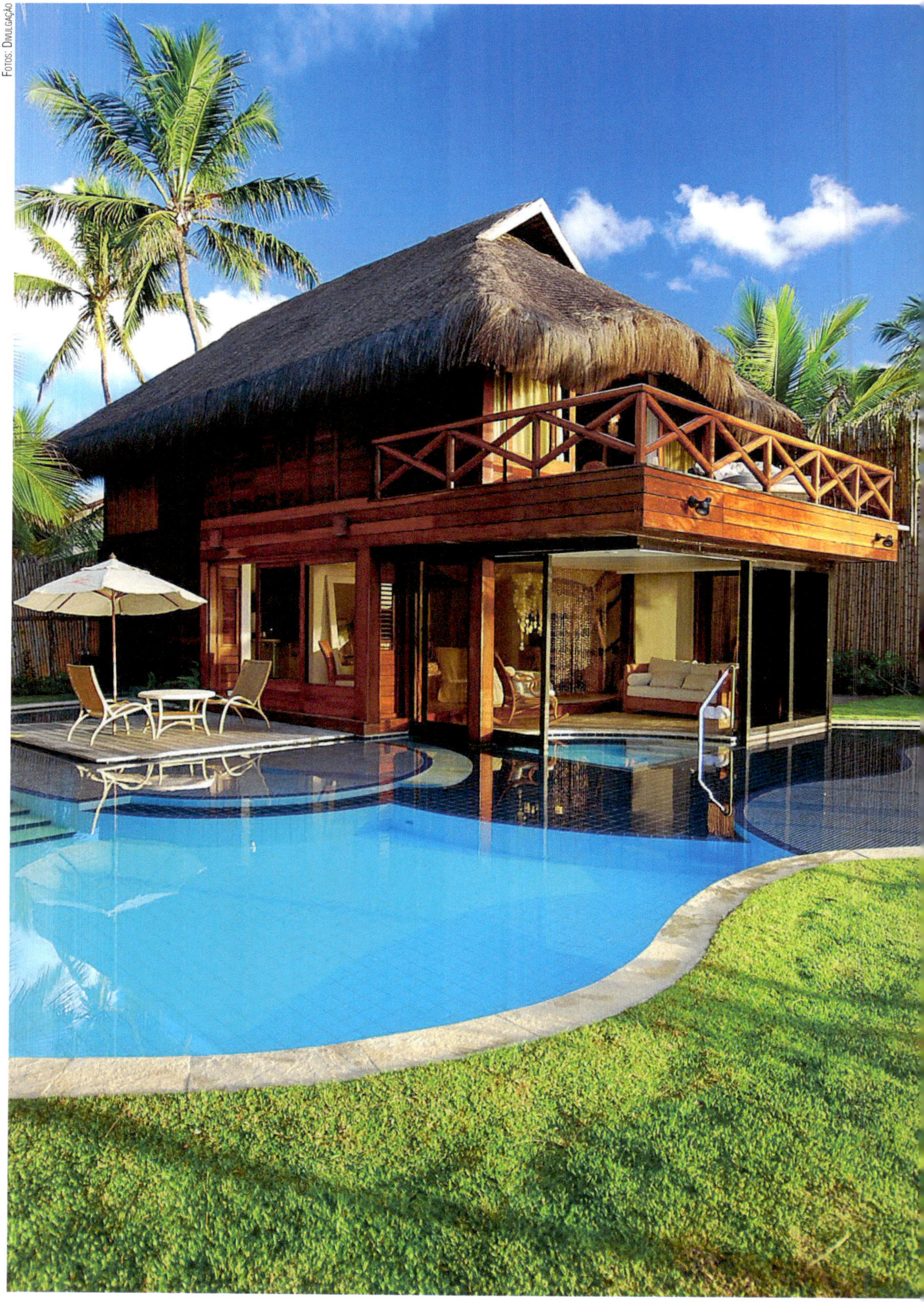

FOTOS: DIVULGAÇÃO

MORDOMIA NOS RESORTS

Porto de Galinhas é o destino turístico com a maior concentração de resorts de grande porte em todo o litoral do Nordeste. Há cerca de uma dúzia desses imensos hotéis à beira-mar, equipados com piscinas, suítes de padrão cinco estrelas, spa e muitas atividades de lazer. Boa parte dos resorts está localizada nas praias de Muro Alto e do Cupe. Conheça os principais deles.

RESORTS

Os bangalôs em estilo polinésio com piscina privativa é o grande luxo do Nannai, na Praia de Muro Alto

Fotos: Divulgação

O resort tem acomodações de padrão cinco estrelas e conta com excelente estrutura de praia

NANNAI

Espécie de oásis no litoral sul de Pernambuco, o Nannai Resort & Spa é um dos hotéis mais desejados do mundo. Localizado na Praia de Muro Alto, a 9 km do centro de Porto de Galinhas, o complexo prima pelo atendimento de primeira, embora o grande chamariz sejam os charmosos bangalôs de madeira erguidos sobre piscinas, no maior estilo polinésio. Por conta de todo o romantismo das acomodações, o resort é muito procurado por casais apaixonados que querem curtir mimos como as piscinas privativas e as vistas privilegiadas das acomodações.

Agendar um horário no spa, que trabalha com produtos da tradicional marca francesa L'Occitane, é uma das melhores maneiras de deixar a experiência ainda mais especial. O centro de relaxamento e bem-estar oferece um menu que promete tranquilizar o corpo e a

RESORTS

mente, além de circuitos com jatos de água e saunas úmida e seca. A essência romântica do resort também dá as caras por ali, já que os pombinhos podem reservar salas de tratamento exclusivas para se desconectar, juntinhos, do mundo exterior.

Quadras de tênis, salão de jogos, *fitness center* e estrutura para a prática de esportes náuticos são algumas das atrações do empreendimento. E quem gosta de fazer compras ainda pode se jogar nas opções da Nannai Boutique, que trabalha com marcas renomadas, como Adriana Degreas, Lenny Niemeyer, Cantão, Osklen e Richards, e tem até sua própria linha de roupas e acessórios.

Na hora das refeições, o visitante encontra algumas das melhores opções da cozinha regional, que explora pratos à base de frutos do mar, mas também oferece outras opções variadas. Tudo isso em um restaurante intimista e com vista para o mar. É realmente de se apaixonar.

www.nannai.com.br

A piscina principal do resort, com espelhos-d'água e ilhas com coqueiros

RESORTS

A piscina do Summerville é imensa e linda, com tobogãguas, deques molhados, cascatas e jardins

SUMMERVILLE

Coqueiros, mangues, Mata Atlântica e uma série de cenários lindos à beira-mar dão o tom das belezas naturais encontradas ao longo dos 70 mil m² do Summerville Beach Resort. O complexo de Porto de Galinhas, que fica na praia de Muro Alto e dá de frente para uma bela piscina natural formada por arrecifes, investe constantemente na preservação dos recursos naturais da região.

Atualmente, a cozinha e mais de 50% das acomodações recebem água aquecida por energia solar. Além disso, o hotel aposta em outras iniciativas sustentáveis, como energia eólica, reciclagem e redução de dejetos – as águas, que antes eram servidas em embalagens descartáveis, por exemplo, agora são colocadas em jarras.

Na área de lazer, o visitante encontra uma piscina de 2.300 m² de espelho-d'água, com direito a tobogãgua, deques molhados, hidromassagens, cascatas, ilhas com jardins tropicais e fatia especial para crianças.

O Clubinho, área dedicada aos pequenos de até três anos, passou por uma revitalização e ficou ainda mais divertido. O espaço tem cantinho da leitura, cineminha e uma cozinha acoplada a um mercado fictício com direito até a mesa de piquenique.

O Sete Mares, restaurante principal, oferece um serviço completo de bufê, recheado de

RESORTS

delícias desde o café da manhã até o jantar. Além dos variados pratos internacionais, o local prepara receitas típicas da região. Quem quiser algo mais especial pode reservar uma mesa no restaurante Quebramar e degustar menus refinados pertinho do oceano. Há pratos que exploram os ingredientes regionais da Bahia e também os grandes destaques da gastronomia internacional.

Um dos locais mais divertidos do resort é o Pub Sport Bar, uma parceria do complexo com a marca de cerveja Eisenbahn. Com um visual típico da Inglaterra, o espaço conta com mesa de sinuca e área para shows. De quebra, oferece um cardápio completo de bebidas e aperitivos.

Quem quer uma experiência memorável não pode deixar de visitar também o *lounge* Chandon no final da tarde. O local é uma boa pedida para apreciar o pôr do sol mais bonito da região. De preferência, com uma boa taça de espumante na mão.

www.summervilleresort.com.br

Acima, o conforto do Lounge Chandon, ideal para curtir o final de tarde com uma taça de espumante

PORTO DE GALINHAS RESORT

O café da manhã pode ser servido no quarto: abaixo, a piscina aquecida do spa

É um dos bons hotéis pé na areia da Praia do Cupe, confortável na medida certa, com atendimento simpático e excelente custo-benefício. Tem piscina e restaurante de frente para o mar. Basta descer uma escadinha para pisar na areia da praia, onde ficam as espreguiçadeiras. Aí é só revezar entre um pulo no mar e na piscina, com uma parada para beber uma água de coco entre um mergulho e outro.

O Porto de Galinhas Praia Hotel conta com 184 apartamentos de quatro categorias diferentes, todos com camas box e equipamentos novos. São espaçosos, com banheiras de hidromassagem e varandas. Os ambientes comuns são decorados com elegância, a exemplo do belo paisagismo com plantas tropicais, espelhos-d'água, fontes e um

RESORTS

lago de carpas. À noite, o hotel fica ainda mais bonito por conta da iluminação que colore as fachadas dos apartamentos e os jardins.

O ponto forte é o Spa Amay Wellness, recém-inaugurado. O espaço conta com uma bela piscina interna aquecida com jatos de água e suítes especiais para tratamento de casais. A massagem relaxante clássica, com pressão média, o fará sair quase levitando da sala. Mas há outros tratamentos especiais, como a Vichy Shower, que é feito com jatos de água direcionáveis que atuam no relaxamento muscular. Para desacelerar completamente, a sugestão são os programas diários, que combinam massagens com meditação, alongamento, ioga e aula de dança. Para as crianças, o resort oferece uma equipe de monitores para entretê-los com diversas atividades e brincadeiras ao longo do dia.

O Porto de Galinhas Praia Hotel fica a 3,5 km do centro da vila, ou cinco minutos de Uber. Outra vantagem do resort é ter a agência da Luck Receptivo ao lado da recepção, o que facilita a vida de quem pretende combinar um traslado para o aeroporto de Recife ou combinar um passeio a Maragogi ou a Praia dos Carneiros.

www.portodegalinhasresorts.com.br

O resort fica na Praia do Cupe, tem boa estrutura de praia e restaurante com vista para o mar

RESORTS

ENOTEL

Dois empreendimentos da marca Enotel em Porto de Galinhas destacam-se por oferecer muito conforto e diversão sem custos extras. Um deles é o Enotel Convention & Spa, primeiro resort *all inclusive* da região, que dispõe de piscinas à beira da Praia do Cupe, quadras esportivas, academia e um spa de 1.000 m² com salão de beleza, banhos relaxantes até aplicações de botox. De quebra, quem se hospeda ali tem acesso livre à área de lazer do vizinho Enotel Acqua Club, famoso por seu parque aquático com piscina de ondas e rio lento em meio à vegetação. Enquanto os pais relaxam nas boias e espreguiçadeiras, a equipe de recreação se encarrega de entreter os pequenos a partir de 4 anos. E o sistema *all inclusive* garante fartura a qualquer hora do dia, com direito a drinques no bar da praia, jantares temáticos, sorveteria, restaurante infantil e até um espaço exclusivo para quem busca opções *diet* ou sem lactose.

www.enotel.com

Brinquedões na área infantil do Enotel Acqua Club

Armação Resort: bom custo-benefício na Praia do Cupe

ARMAÇÃO

Está na Praia do Cupe e a apenas 2 km das piscinas naturais de Porto de Galinhas. Conta com boa estrutura de lazer à beira-mar, incluindo serviço de bar de praia. O resort tem três piscinas para adultos e duas infantis. Um ponto forte do resort é a programação de lazer para a molecada, com atividades divididas por faixas etárias. O kids club é grande, bem equipado e se soma aos outros espaços: sala de games, cineminha e teatro infantil. Os jovens, por sua vez, podem fazer aula de surfe com a Escola Rip Curl, que atende aos hóspedes. Para os adultos, há gazebos para massagens de frente para a praia, campo de futebol, academia, quadra de tênis e sala de jogos. Tem opção de diárias com café da manhã, meia pensão ou pensão completa.

www.armacaoresort.com

RESORTS

O maior resort da região, fica a 37 km de Porto de Galinhas

VILA GALÉ ECO RESORT DO CABO

Fotos: Divulgação

Situado de frente para as águas de Suape, em Cabo de Santo Agostinho, o hotel foi repaginado pelo grupo português Vila Galé, transformando-se em um *all inclusive* com farto leque de opções de lazer em família. Há muito que fazer por lá, como caminhadas ecológicas, aulas de dança ao pôr do sol, luaus na areia e atividades esportivas, seja nas quadras de tênis e vôlei de praia, seja no campo de futebol society. Tudo isso em meio a muito verde e uma praia particular de 1 km de extensão, a 37 km de Recife. O resort ainda oferece passeio de lancha ou catamarã pelo Rio Massagana. O roteiro inclui visita a ilhas, como Cocaia e Tatuoca. Para relaxar ainda mais, basta agendar a massagem no Spa Satsanga, que dispõe de sauna, jacuzzi, duas piscinas e vários tratamentos e massagens, que são realizadas em cabanas de palha e sapê.

www.vilagale.com

RESORTS

Acomodações de frente para o mar em trecho com piscinas naturais

SERRAMBI RESORT

Localizado a apenas 12 km do centrinho de Praia de Porto de Galinhas (PE), o Serrambi Resort oferece tudo de que o viajante precisa para curtir uma das regiões litorâneas mais bonitas do Brasil. O hotel, que fica dentro de um condomínio fechado, com portaria e segurança, conta com 156 acomodações de frente para o mar, spa, programação de lazer para todas as idades, além de restaurantes e bares especializados em receitas internacionais e típicas do Nordeste. A piscina de 700 m² com borda infinita e as cinco jacuzzis são perfeitas para o visitante relaxar na água. Também dá para curtir o passeio ao Pontal de Serrambi, uma ponta saliente de terra que avança sobre o mar e chama a atenção com suas piscinas naturais. A praia é uma enseada tranquila, com mar calmo, ideal para crianças e para a prática de esportes náuticos.

www.serrambiresort.com

49

O mar vira piscina em Porto de Galinhas e as jangadas levam os turistas a um delicioso passeio